El Libro para Colorear Orgánico

por Elaina Garg, Kaylie Garg, y Neil K. Garg

Copyright©2017-2021 de Elaina Garg, Kaylie Garg, y Neil K. Garg

Todos los derechos reservados. Este libro o alguna parte del mismo no pueden ser reproducidos o utilizados en ninguna forma sin el permiso expreso escrito de la editorial exceptuando el uso de breves citas en una reseña del libro.

Primera impresión, 2021

ISBN-13: 979-8527765359

Empresa editorial Garg and Family
330 De Neve Drive
Los Angeles, CA 90024

Edición y coordinación de Daniel Caspi (Element26, Inc., element26.net)
Diseño de portada e ilustraciones de Tamara Antonijevic y Elena Kochetova

Estructuras químicas de Emma Baker-Tripp y Joyann Barber
Editado por Lindsey Garg, Emma Baker-Tripp, y Joyann Barber
Traducido por Luca McDermott Catena, Melissa Ramirez, y Arismel Tena-Meza

Envíe un correo electrónico a los autores: ngchem7@gmail.com
Visite el Sitio Web de la Investigación del Profesor Neil Garg: garg.chem.ucla.edu

Introducción de Neil K. Garg

"¿Eso tiene sustancias químicas?"

Cuando mi hija Kaylie tenía apenas cuatro años, me hacía esta pregunta antes de probar comidas nuevas. Incluso levantaba sus fosas nasales y decía las palabras "sustancias químicas" con completa desconfianza. Por alguna razón, la pequeña Kaylie tenía la impresión de que las sustancias químicas eran malas, incluso a tan joven edad.

Como profesor de química, no podía resistir la oportunidad de ayudar a Kaylie a darse cuenta de qué tan importantes son las sustancias químicas en nuestras vidas diarias. Entonces, la siguiente vez que Kaylie comió una comida que le gustó, hablamos acerca de las sustancias químicas que hacían que su comida fuera tan deliciosa. ¡Listo! Kaylie había superado su temor hacia las sustancias químicas y esto dio paso a la curiosidad.

Kaylie y su hermana mayor, Elaina, comenzaron a preguntarme: "¿Cuál es la sustancia química que está en el jabón?" "¿Cuál es la sustancia química que está en esta mora azul?" Fue increíble. ¡Se dieron cuenta de que las sustancias químicas estaban a su alrededor, y que muchas de ellas de hecho eran buenas!

Dado que mis dos hijas aman colorear y habían desarrollado un nuevo interés por las sustancias químicas, decidimos crear este libro para que otras personas pudieran seguir sus pasos.

Todas las moléculas que se encuentran en este libro son orgánicas. La palabra orgánico tiene muchos significados en la sociedad moderna, y con frecuencia se usa para hablar de comidas producidas sin el uso de ciertas sustancias químicas. Sin embargo, para un químico, las sustancias orgánicas simplemente son aquellas moléculas compuestas principalmente de átomos de carbón e hidrógeno. Las moléculas orgánicas están en todas partes: la comida (incluyendo la comida orgánica), en el ADN, en el equipo para deportes, y en los medicamentos. ¡Literalmente, no podríamos vivir sin ellas!

Entonces, los invitamos a seguir a "Cheesy el ratón" en una divertida expedición científica para descubrir algunas sustancias químicas comunes. Esperamos que este libro dé vida a la magia e impacto de la química orgánica en los niños y adultos por igual.

Un especial agradecimiento a Emma Baker-Tripp, Joyann Barber, Daniel Caspi, Luca McDermott Catena, Melissa Ramirez, Arismel Tena-Meza, Professor Rubén Martín Romo y a mi esposa, Lindsey Garg, por todos sus esfuerzos para que este libro se hiciera realidad.

¿CUÁL ES LA SUSTANCIA QUÍMICA QUE HACE QUE LOS CARAMELOS SEAN TAN DELICIOSOS?

Oxígeno

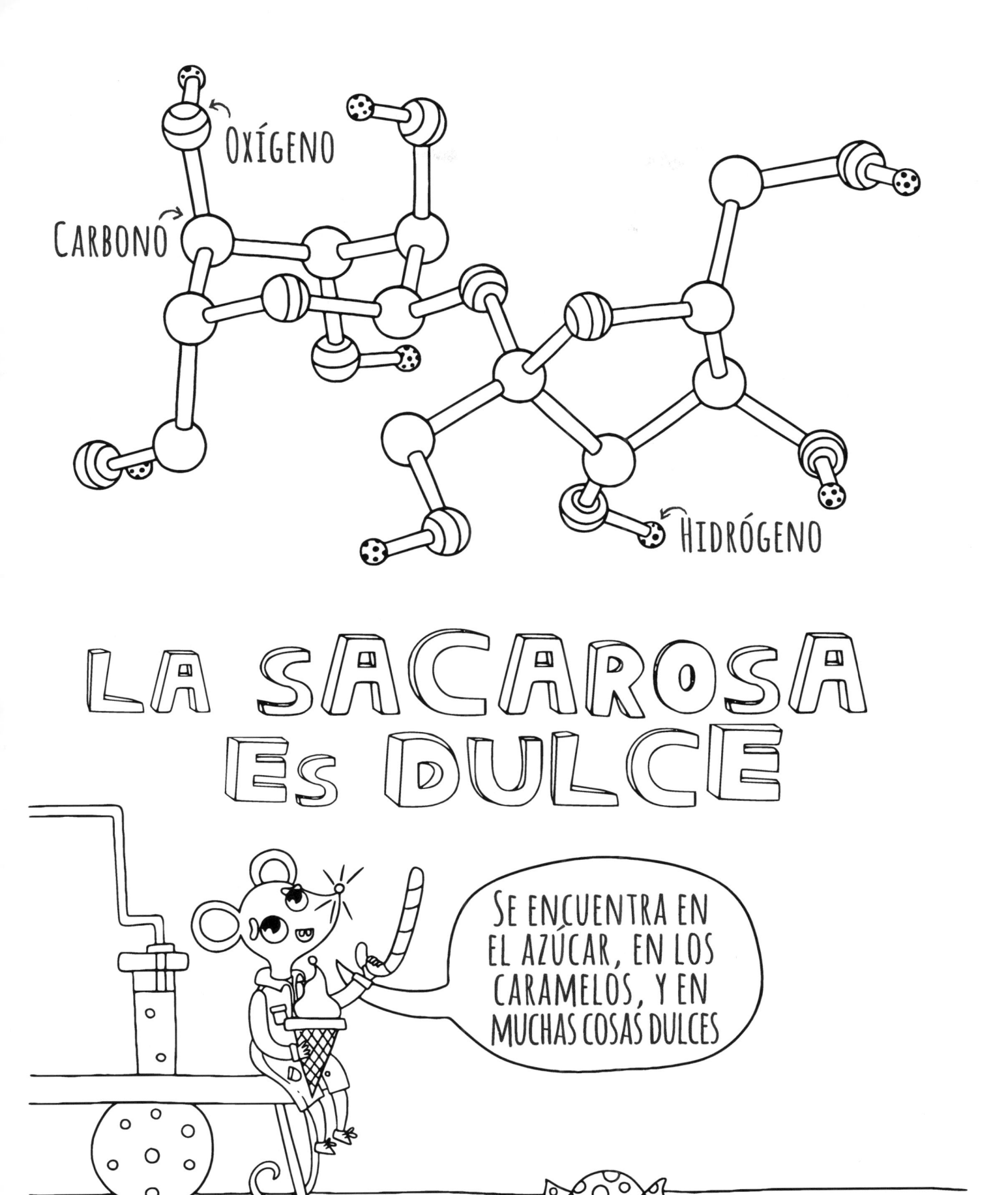

Carbono

Hidrógeno

LA SACAROSA ES DULCE

Se encuentra en el azúcar, en los caramelos, y en muchas cosas dulces

¿CUÁL ES LA SUSTANCIA QUÍMICA QUE HACE QUE EL DOLOR Y LA FIEBRE DESAPAREZCAN?

Hidrógeno

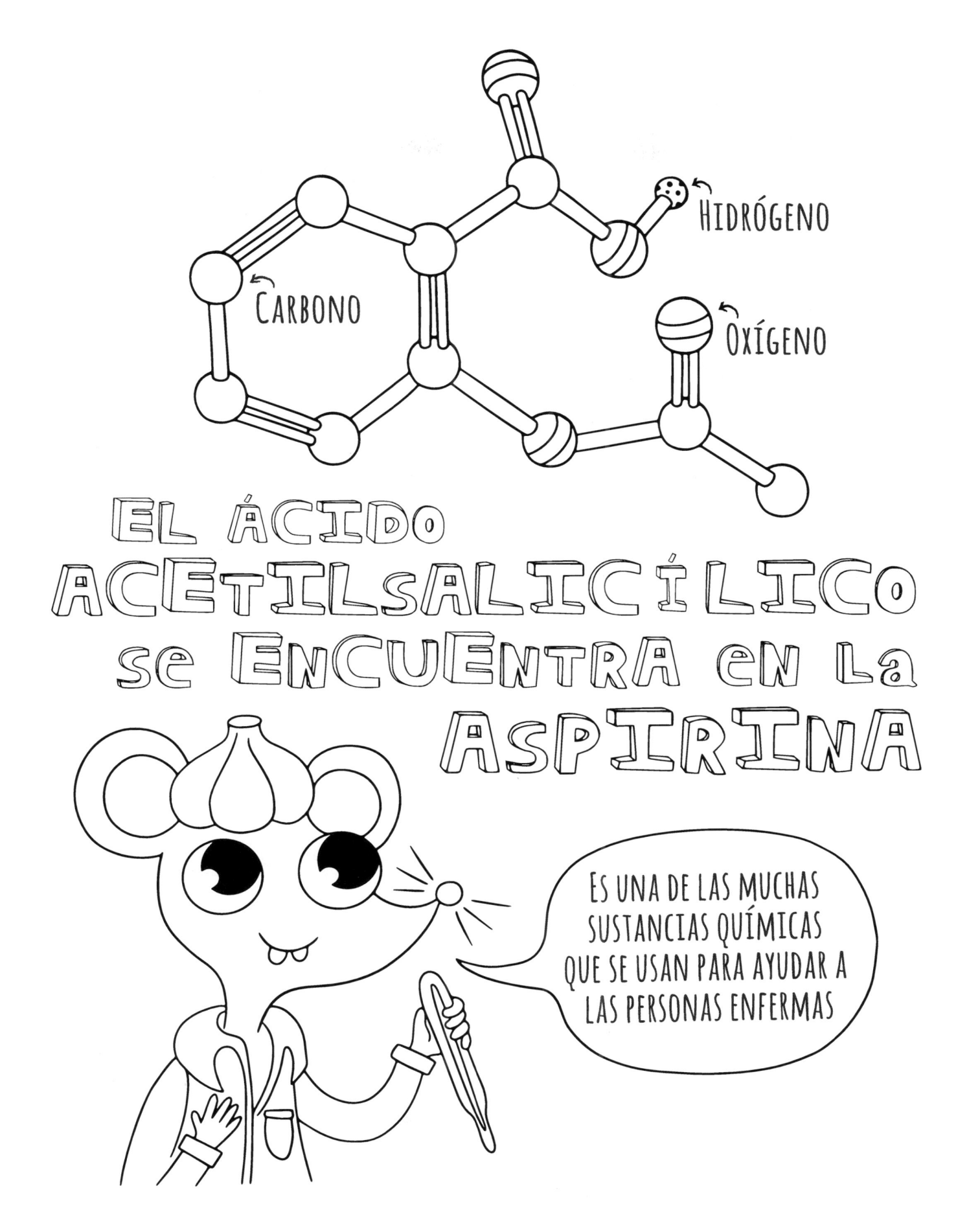

Carbono

Oxígeno

EL ÁCIDO ACETILSALICÍLICO SE ENCUENTRA EN LA ASPIRINA

Es una de las muchas sustancias químicas que se usan para ayudar a las personas enfermas

¿Cuál es la sustancia química que hace que el tocino huela tan rico?

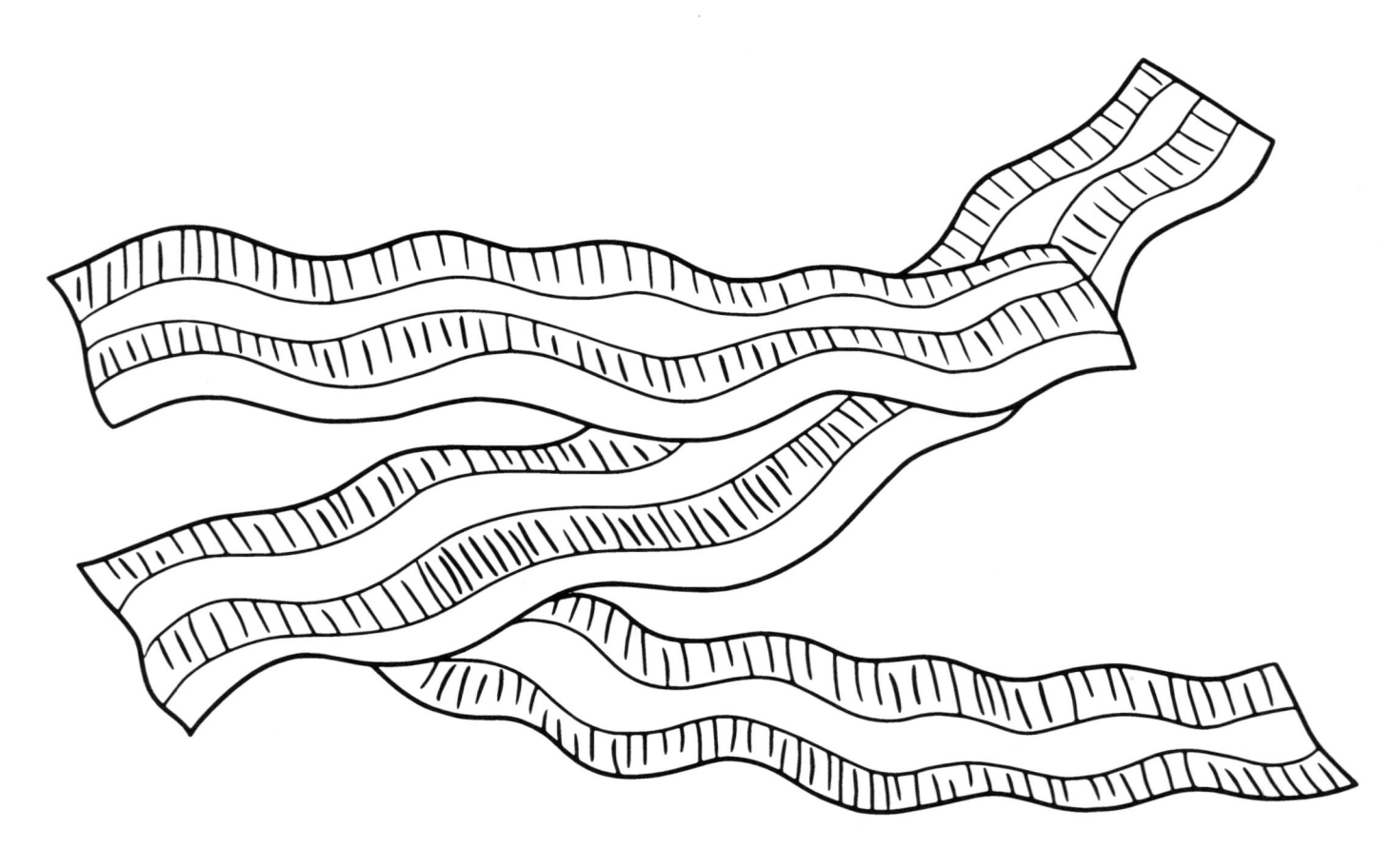

Carbono

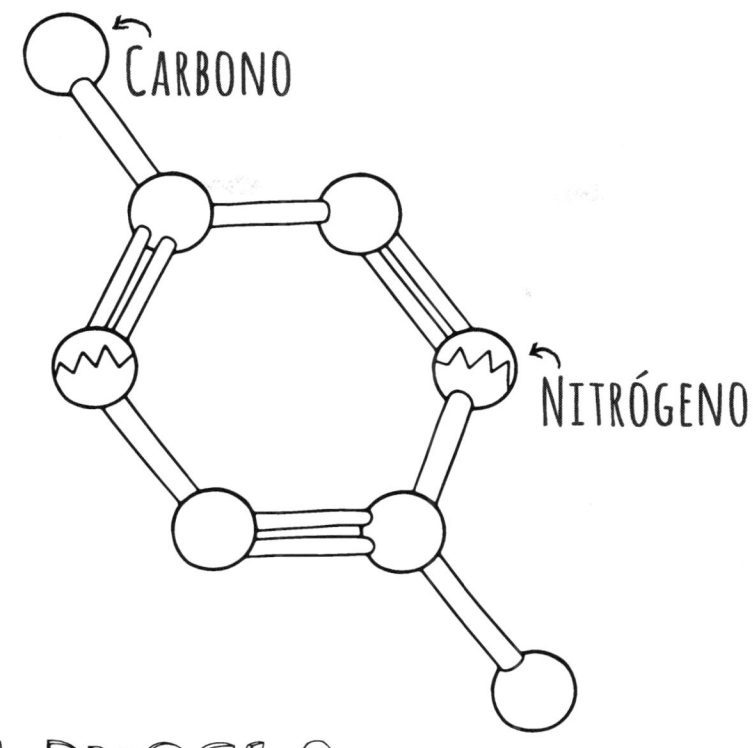

Nitrógeno

El compuesto 2,5-DIMETILPIRAZINA tiene un olor muy fuerte

Es una de las más de 150 sustancias químicas que se encuentran en el tocino

¿CUÁL ES LA SUSTANCIA QUÍMICA QUE SE ENCUENTRA EN LAS HOJAS VERDES QUE LAS HACE TAN COLORIDAS?

Oxígeno

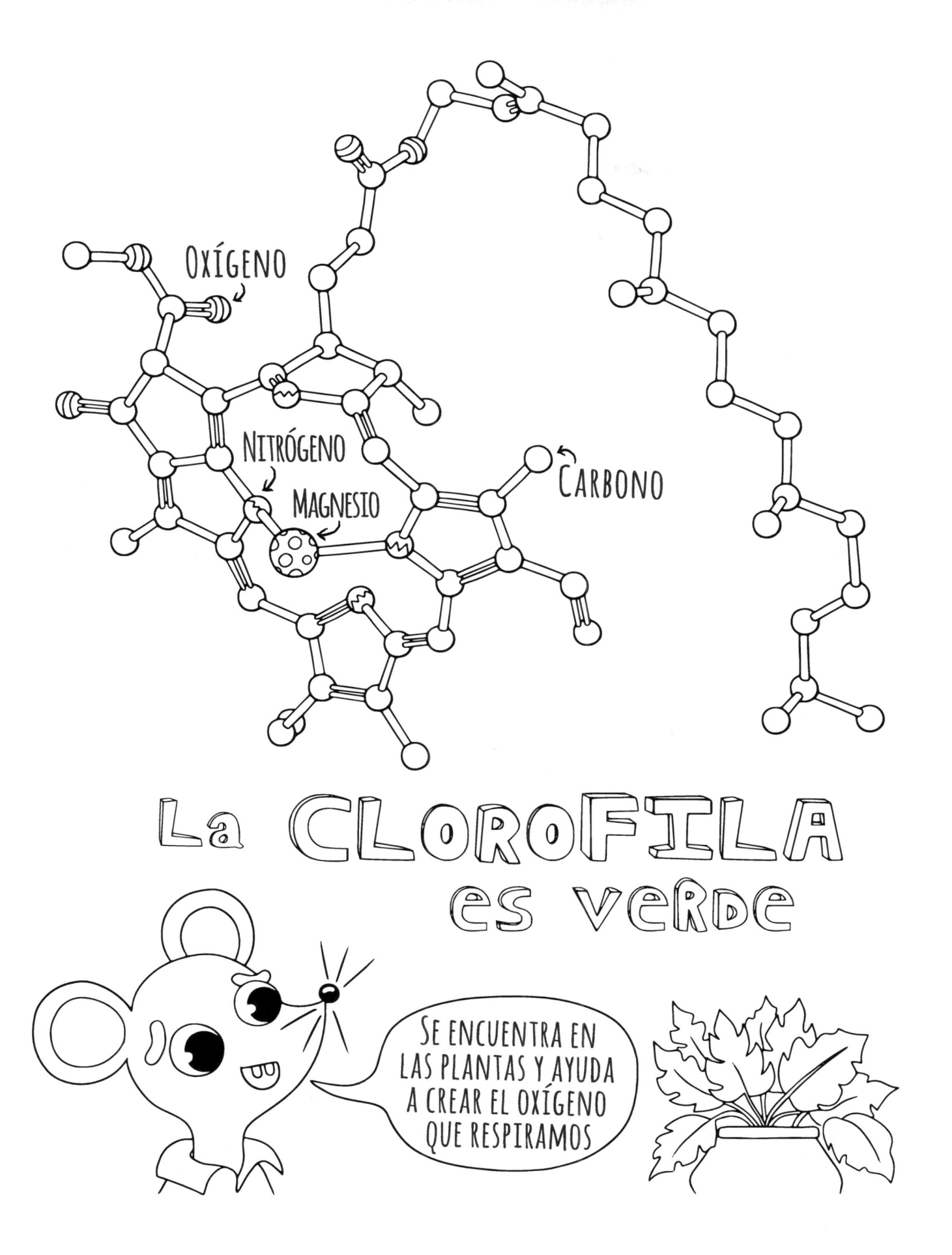

Nitrógeno

Magnesio

Carbono

La CLOROFILA es verde

Se encuentra en las plantas y ayuda a crear el oxígeno que respiramos

¿Cuál es la sustancia química que les da color a las moras azules?

← Carbono

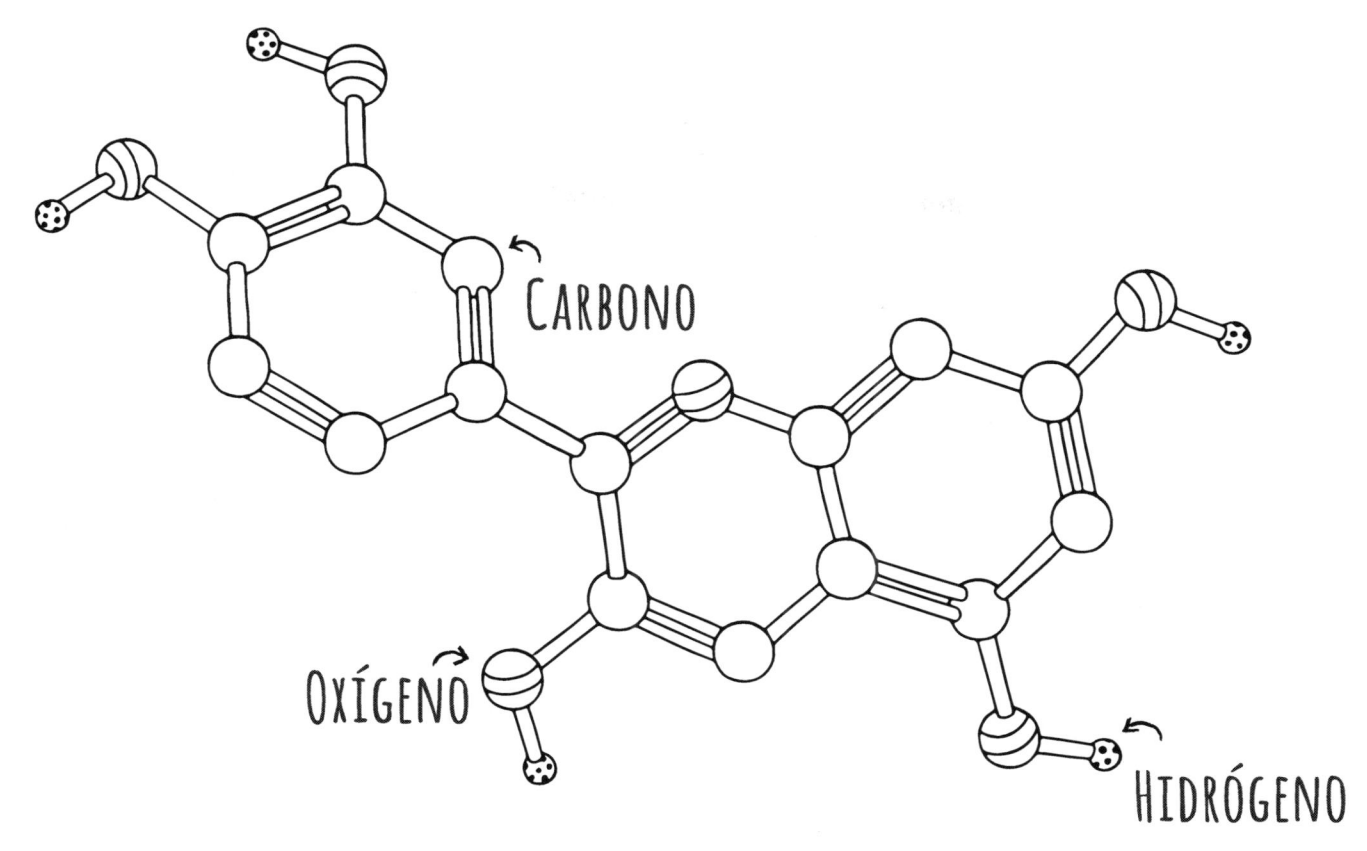

← Oxígeno

← Hidrógeno

La CIANIDINA es de color VIOLETA OSCURO

Se encuentra en el repollo morado, en las ciruelas, y en muchos tipos de bayas

¿CUÁL ES LA SUSTANCIA QUÍMICA QUE HACE QUE EL JABÓN SEA TAN ESPUMOSO?

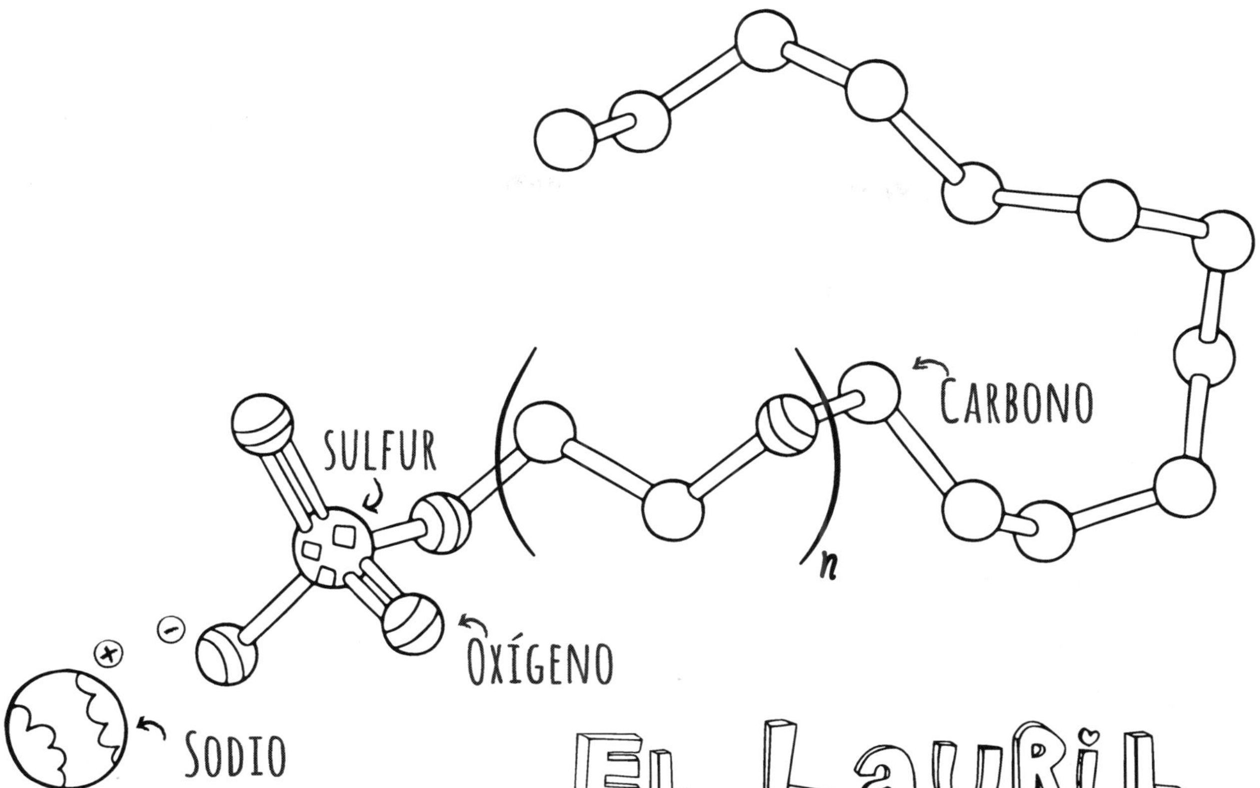

EL LAURIL ÉTER SULFATO DE SODIO CREA BURBUJAS

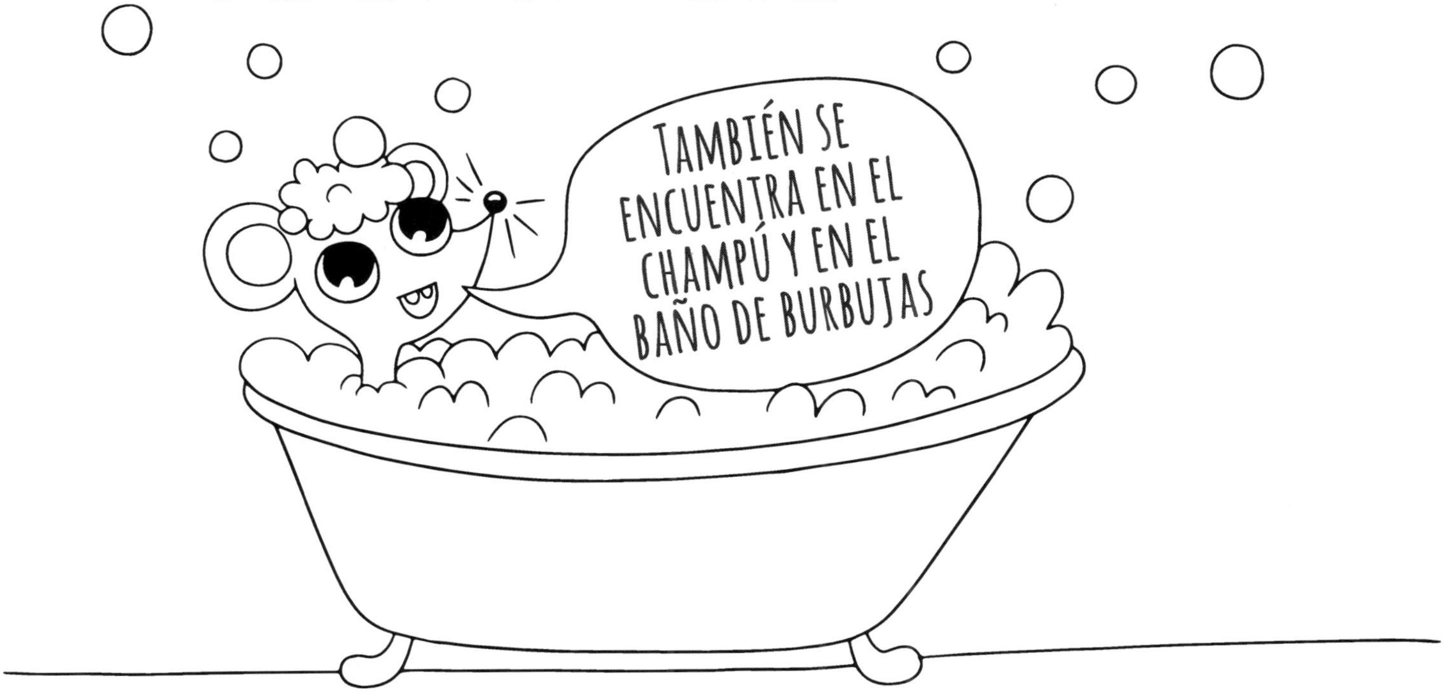

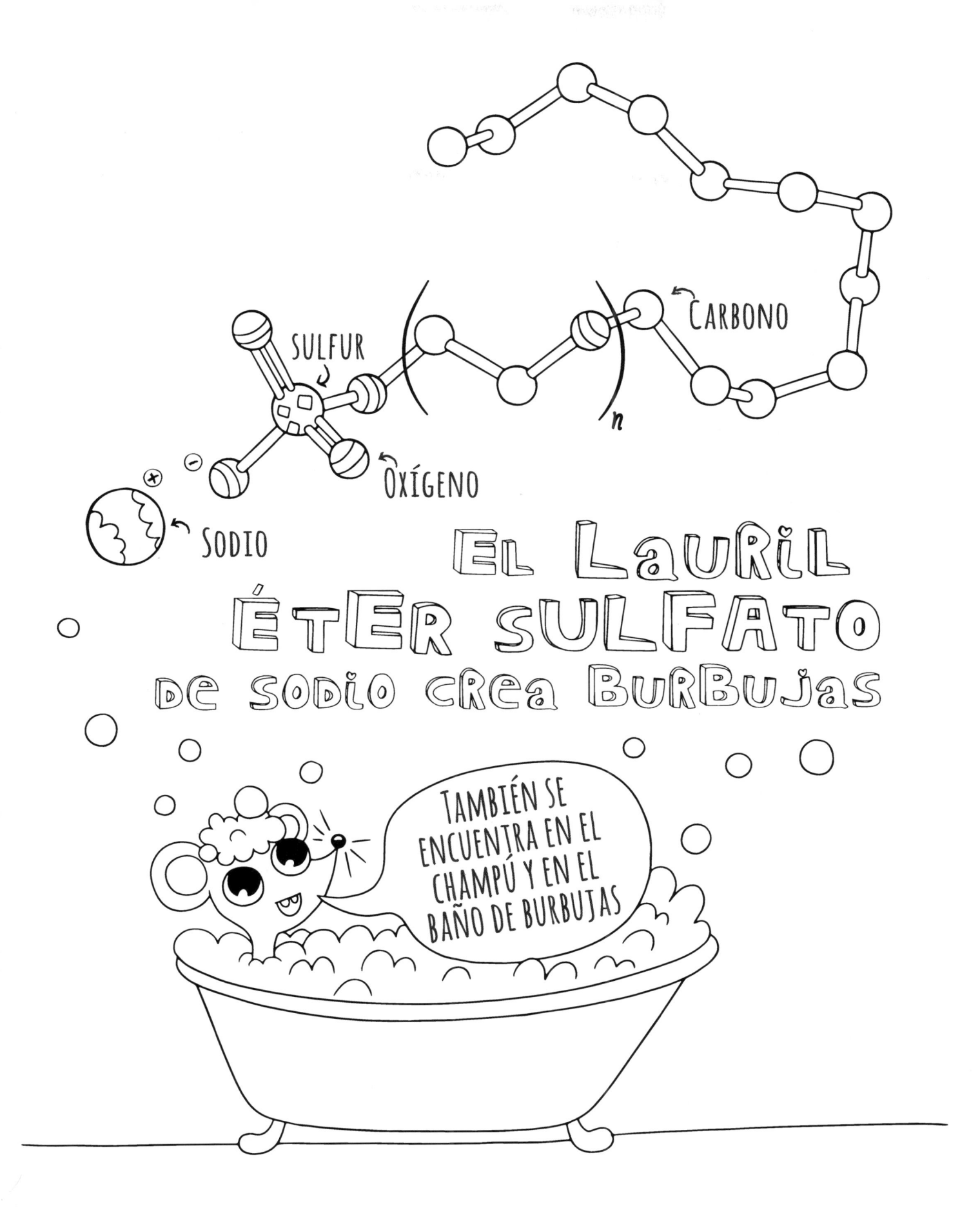

¿CUÁL ES LA SUSTANCIA QUÍMICA QUE DA SU SABOR ESPECIAL A LA LIMONADA?

Hidrógeno
Oxígeno
Carbono

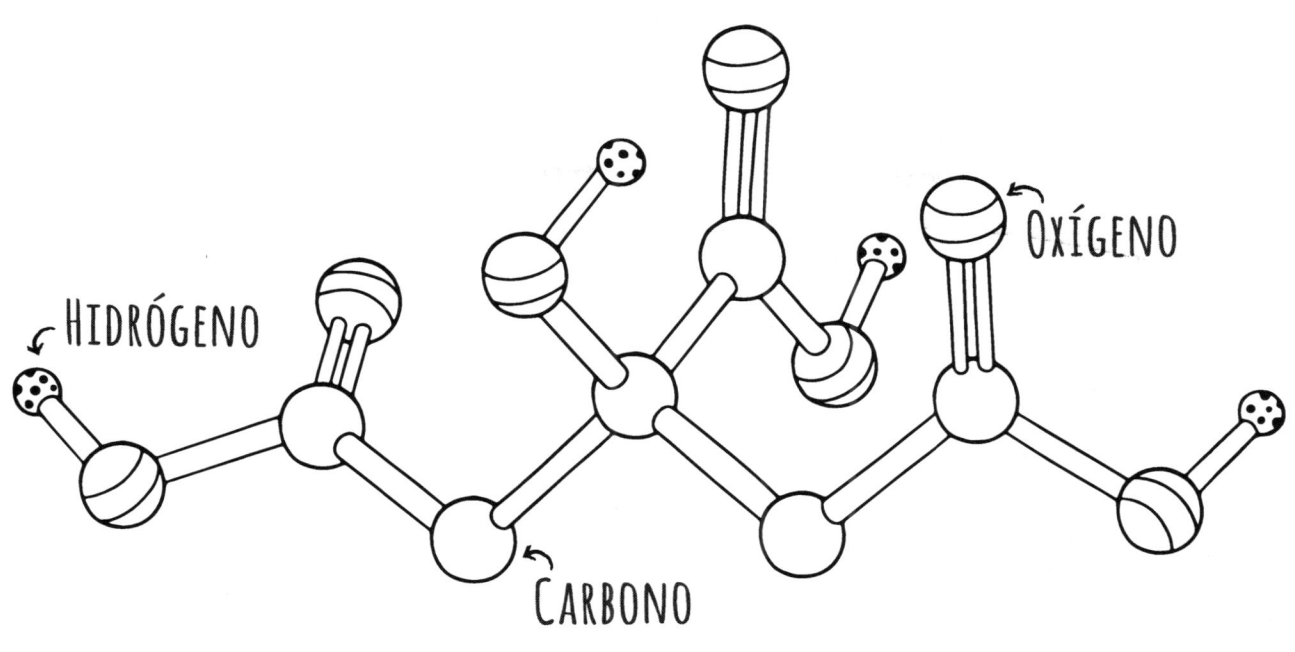

El ácido cítrico es agrio

Se encuentra en los limones, las limas, y en otras frutas cítricas

¿Cuál es la sustancia química que se encuentra en el café que le gusta tanto a los adultos?

Nitrógeno

Carbono

Oxígeno

La CAFEÍNA es un ESTIMULANTE

TAMBIÉN SE ENCUENTRA EN LOS TÉS, EL CHOCOLATE, Y EN LOS REFRESCOS

¿CUÁL ES LA SUSTANCIA QUÍMICA QUE NOS HACE LLORAR CUANDO CORTAMOS UNA CEBOLLA?

Carbono
Oxígeno
Azufre

¡El 1-sulfinilpropano pica!

"Nuestros ojos producen lágrimas para eliminar las sustancias químicas"

¿CUÁL ES UNA DE LAS SUSTANCIAS QUÍMICAS QUE SE ENCUENTRAN EN NUESTRA ROPA DE ALGODÓN?

Oxígeno

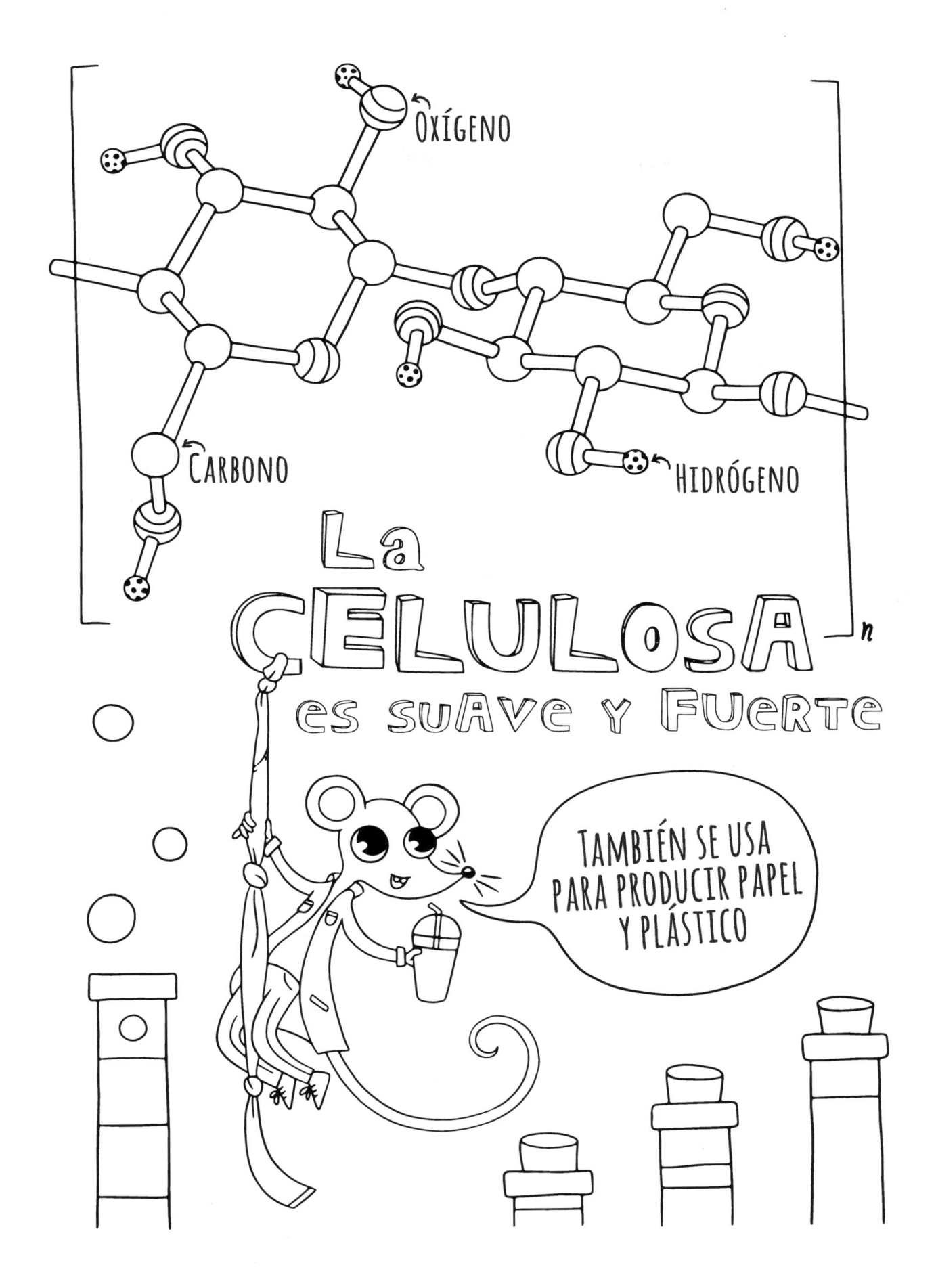

Carbono Hidrógeno

La CELULOSA
es suave y fuerte

TAMBIÉN SE USA PARA PRODUCIR PAPEL Y PLÁSTICO

¿CUÁL ES LA SUSTANCIA QUÍMICA QUE LE DA SU COLOR ANARANJADO A LAS ZANAHORIAS?

Carbono

El betacaroteno es anaranjado

Se encuentra en las zanahorias, las calabazas, y en muchas frutas

¿Cuál es la sustancia química que hace que los chiles sean tan picantes?

Hidrógeno
Nitrógeno
Oxígeno
Carbono

La capsaicina es picante

Se usa para añadirle un sabor picante al curry, a la salsa, y a otras comidas

¿Cuáles son las sustancias químicas que se encuentran en la leche que hacen que mis músculos se fortalezcan?

Oxígeno

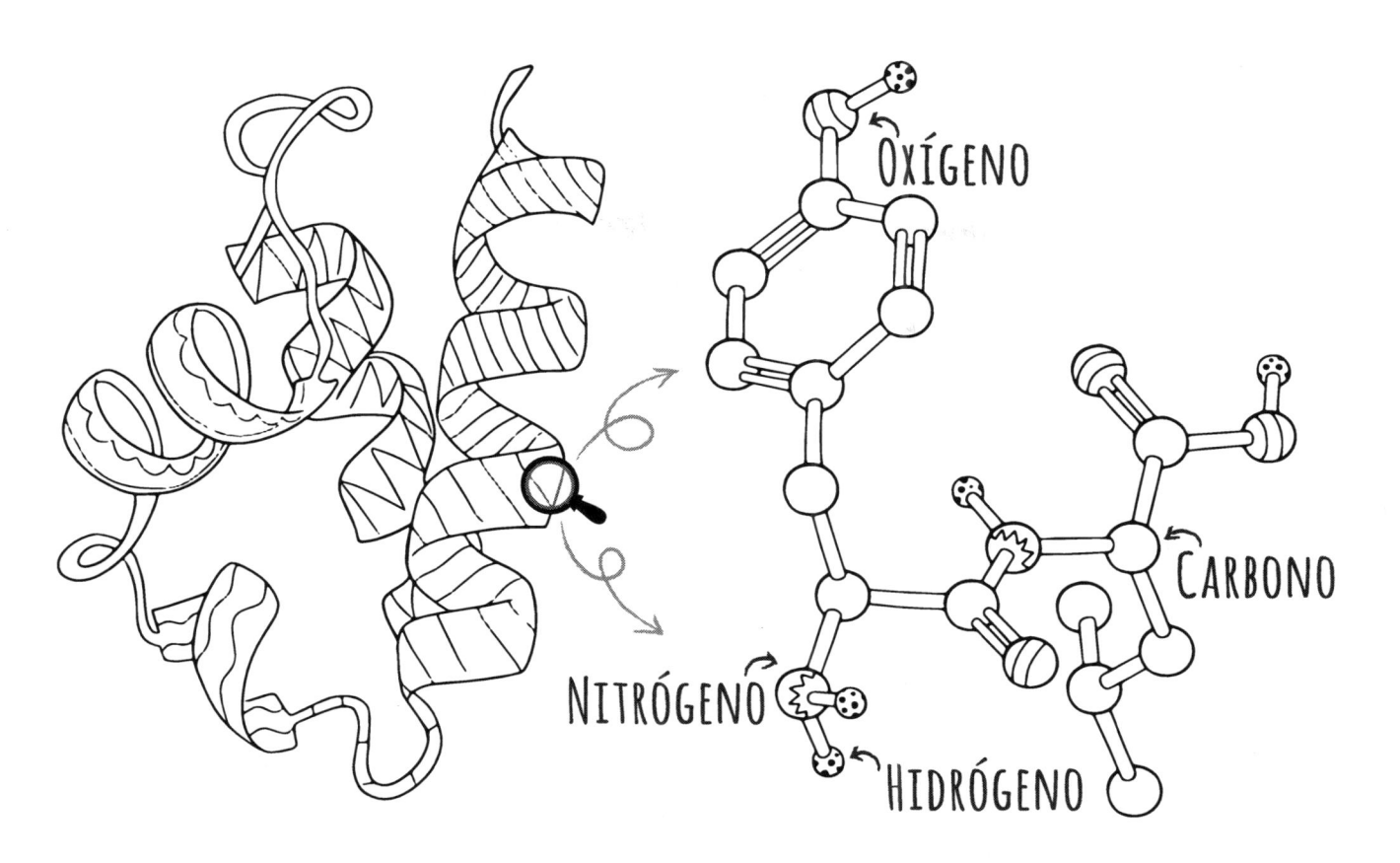

Carbono

Nitrógeno

Hidrógeno

Las proteínas son moléculas enormes

También se encuentran en la carne, en los huevos, y en otros productos lácteos

Made in the USA
Middletown, DE
15 October 2022